그대를 위한 협주곡

정소현 제3시집

그대를 위한 협주곡

산다는 것은 별들도 고통스러운지 어느 날엔 웃었다가 어느 날엔 그 모습이 어두워 알아볼 수가 없었다 단순하게 보이는 나무도 별도 산다는 것은 복잡하고 고통스럽다 빛을 잃은 것은 다 사라진다

도서출판 천우

● 시집을 내며

세 번째 시집이다.

순환적이고 일상적인 삶에서 내 사랑의 가족들, 늘 언제나 같은 자리에서 내 손을 잡아 주는 믿음과 시를 쓰는 사람으로서의 정신과 좋아하는 음악들이 있었기에 세 번째 시집을 내는데 도움이 된 것 같다.

시집을 낼 때마다 조심스러운 마음이 든다. 이번 세 번째 시집을 발표함에 있어서 개인적으로 유난히 감사한 생각이 많이 든다.

시를 쓰면서, 내가 믿는 믿음과 결합되어 낮은 마음으로, 낮은 곳을 보고, 그들과 손을 잡고, 포근히 안고 싶음이 자연스러운 소망이 되었다.

앞으로도 시를 쓰는 주제는 어둡고, 차갑고, 습한 곳으로 달려가 한 마음이 되고 가슴을 어루만지는 아름답고 따스한, 휴머니즘적인 내용의 시를 쓰고 싶다.

오늘이 있기까지 함께해 주신 존경하는 황금찬 선생님께 감사를 드립니다.

또한 도서출판 천우 관계자 여러분께도 감사를 드리고, 가족들에게도 고마움을 전하며…….

2008년 3월에

절대적인 고독을 감내하며 얻은 진정한 시의 美

황금찬(원로시인)

꽃만 아름다운 것이 아니다. 신록은 꽃보다 아름답다고 말들 한다. 꽃과 신록만 아름다울까? 아니다. 신록보다 꽃 이상의 아름답고 큰 심상의 바다가 있다. 그것이 시의 세계인 것이다. 심상의 바다에 마음을 던져 보지 않은 사람은 무지갯빛 찬란한 눈빛을 보지 못하고 만다.

'시는 절대고독이요, 저주 받은 탄생' 이라고 말한 사람이 있다. 20세기의 천재 시인이자, 소설가인 쟝 꼭도(Jean Cocteau, 1889~1963)의 말이다. 절대적인 고독을 감내하며 운명처럼 시의 세계를 묵묵히 걷고 있는 그 절대성을 가진 하늘이 내린 사람이 시인(詩人)이다, 또, 장미는 아름답다. 그러나 간혹 마음이 검은 장미가 있다. 그 검은 마음을 장미꽃으로 변화시키는 하늘의 심상이 시(詩)인 것이다.

정소현 시인이 세 번째 시집을 출간한다. 반갑고 기쁜 마음이 지중해의 파도 같다. 축하의 마음을 담아 구름으로 날려 보낸다.

좋은 시와 시인은 세상을 행복하고 평화롭게 변화시킨다. 정소현의 제3시집이 많은 독자들은 물론, 이 사회를 행복과 평화로 물들일 것이라 생각한다.

> 겨울비가 내린다 / 다정한 비는 / 빈 들녘 / 까칠하고 다 말라버린 / 우리들의 가슴 잿빛 목마름에 / 입맞춤을 한다 / 어서 일어나라고
>
> —「희망을 위한 협주곡」 중에서

위 시는 총 4연 21행으로 구성되었으며, 그 중 1연 부분이다. 시인의 시심(詩心)에선 외롭지 않다고, 슬프지 않다고… 외로움을 추방함으로서 불행을 멀리하고자 애를 쓰고 있음을 볼 수 있다. 시인의 눈으로 보면 이 우주에 존재하는 모든 것은 인류에게 불행을 위하여 있는 것은 아니다. 서로 돕고 사랑하여 인류를 자유 안에, 평화 안에 있게 하기 위하여 존재하는 것이라고 할 수 있다. 따라서 시가 없고 시인이 존재하지 않는다면 인류는 불행과 벗할 뿐일 것이다.

> 하늘은 홍조를 띠고 연인이 되고 / 강물은 노을빛 치마를 두르고 어머니가 되며 / 구름은 하늘에서 내려와 정겨운 이웃이 된다
>
> —「작은 평화」 중에서

이 시는 총 5연 15행으로 구성되었으며, 그 중 2연 부분이다. 시인의 시정이 얼마나 아름다운가, 시인과 시가 없는 세상은 생각하기도 싫다.

정소현 시인의 시정신이 참으로 아름답고 평화롭다. 제3시집의 출간을 깊게 축하한다.

5월 같은 시정신 깊게 간직하시라.

제 1 부

아기 새를 위한 기도

제2부

수양버들의 슬픔

제3부

네 잎 클로버를 찾은 날

제4부

작은 별의 꿈

제5부

회상

1

아기 새를 위한 기도

겨울새의 그리움

자작나무에 앉았을 때
무겁고 처진 날개 대신
나무는 힘찬 날개를 달아주었습니다

바다까지 가야 하는
길을 잃고 방황할 때
몇 번이나 주저앉을 때
나뭇잎은 바람 부는 방향에서
길이 되어주었습니다

오늘은 그 나무의 영혼이
은빛 되어 반짝이는 날입니다
그 숲이 보고 싶어
눈물 나는 날입니다

밤 깊어 갈 때
별 하나
하얀 나뭇가지에 내려와
싸늘한 눈물
손 꼭 잡아주겠지요

희망을 위한 협주곡

겨울비가 내린다
다정한 비는
빈 들녘
까칠하고 다 말라버린
우리들의 가슴 잿빛 목마름에
입맞춤을 한다
어서 일어나라고

황량한 마음이
죽음처럼 흩어진 자리에
삶의 무게가
웃음을 앗아간 자리에
노래를 부른다
일어나야 한다고

겨울 들녘에서
남모르게 흘러
얼어붙은 모든 눈물에

겨울비는
결국 하나가 되고 만다

허무한 심연 속에 있는 꿈
햇살 아래에서
눈을 뜬다

갈대

어느 날에도
바람에 흔들리지 않는 날이 없구나
하얗게 타들어가는 가슴만 보아도
세상살이 만만치 않다는 것 알아차려 보지만

어스름 내리는데 힘겹게 서 있는
그 고통이 애련하구나
이 겨울, 바람 부는 밤을,
네 여린 마음이 어떻게 보낼지
바람아 불지마라
바람아 불지마라

어둠이 깊어 가는데 넘어졌다 일어서는
그 아픔이 기특하구나
이 겨울, 얼음 두꺼워지는 밤을,
네 소리 없는 눈물이 어떻게 보낼지
바람아 불지마라
바람아 불지마라

한 곳을 향하여
모든 발부리를 세우고
손을 모은 내게로
햇살은, 바람을 뚫고
창대한 햇덩이, 네 앞에 놓고 간다

아기 새를 위한 기도

겨울 나뭇가지에서
아기 새 한 마리 떨어지는 것을 보았습니다
차가운 밤 깊어 가는데
낮에 본 꿈 잃은 모습은 한 짐이 되고
그 무게로 몸을 가눌 수가 없었습니다

모든 불을 다 끄고
아기 새의 고통만을 위해
불 하나를 밝히고 눈물을 마셨습니다
쓴 눈물은 부러진 날개를
새 날개로 만들지 못했습니다

잠을 잤습니다
잠속에서도 어린 영혼은 파닥거렸고
나는 절름거리며 새벽을 열었습니다

신문을 읽을 때에도
따뜻한 아침밥을 먹을 때에도

친구와 다정히 대화를 나눌 때에도
짙은 그림자가 따라다녔습니다

그 그림자 떼어 버리려고
응달진 찬 거리를 바쁘게 걸었습니다
그때 내 앞에 있던 날지 못한 아기 새
하늘을 보고 손을 모았습니다
아기 새의 비상을 위해

허공을 기워준 초생달

고요함이 나를 이끄는 시간에
차가운 밤길을 걸었습니다
그 길을 걷다가
내 가슴에
허공이 있다는 것 알았습니다

유난히 시려 오는 밤
찬 기온에 살면서 생긴
남모를 허공이
한두 군데가 아니었다는 것 알았습니다

눈 내린 하얀 밤
고요함이 나를 이끄는 시간에
차가운 밤길
오늘도 걸었습니다

오늘은 가슴이 따뜻했습니다
가슴에 있던 허공

똑같은 색깔로 표시도 없이
누군가가 기워 놓았기 때문입니다

우연히 바라본 하늘
나를 닮은 초생달,
구름 뒤에 숨어 있다는 것 알았습니다

내가 먼저 스며들기

노을이
내 가까이로 스며들었다
스며들기가 쉽지 않은 거리인데
그가 먼저 스며들었다

어렵게 마음을 열었다
속마음 다 꺼내어 놓고 기대었다
닿는 느낌만으로도 무게를 아는 듯
사랑을 허락하고
영혼 깊이 넣어 주었다

노을빛
이 고운 가슴
어느 마른 골짜기로 가서
내가 먼저
그늘을 드리울까

노을빛

이 부드러운 마음
어느 산등성이로 가서
내가 먼저
바람이 될까

노을빛
이 따사로운 눈빛
어느 젖은 땅으로 가서
내가 먼저
햇살이 될까

벗에게

늘 그대를 사모했지만
마음 한 번 전하지 못했습니다
오늘은 눈이 내립니다
밤 깊은데
혼자 좋아했던 마음 숨길 수 없어
음악이여! 그대에게 편지를 씁니다

그대는
입안의 짠맛을 솜사탕이게 했고
마음의 매듭은
풀어주어 느슨하게 했지요
차가운 가슴은
그대 따스한 가슴이 안아주었습니다

생각의 모서리에 입맞춤은
별이 되게 했고
만개한 꽃이거나 꽃몽오리일 때에도
서로 볼 수 있도록 키를 맞추어주었지요

낯설어 당황할 때엔 친절을 베풀어주었고
익숙한 모습으로 내 옆에 있어주었지요
내 자유롭지 못한 영혼을 어여삐 보고
그 영혼에 날개를 달아주기도 했지요
그대는

이 모든 고백을
오늘에서야 합니다

-그대를 언제나 사모한 벗으로부터-

겨울 밤바다

— 해운대에서

모든 일상을 던져 놓고
흔들리던 배에서 내려
겨울 밤바다 앞에 선다
수십 년 잠들었던 그가 달려와 포옹을 한다
어둠과 함께

옛 모습 그대로, 모습에 숨이 멎는다
옛 모습 그대로, 노랫소리에 귀가 먼다
옛 모습 그대로, 모래알은 발아래에서 감미롭다

누더기 옷을 벗기고 날개를 달아준다
밤바다, 밤 파도, 밤 모래밭, 얼마 동안이나
날며, 바라보며, 걸으며,
느꼈을까, 들었을까, 만져보았을까,
목마름에 물이 가득 차오른다

재회는 말이 없다
바다가 내 안으로 들어오고
밤은 내 안으로 스며들고
나는 그들 안에서 감아 놓은 시간을 푼다

나무의 허기

바람을 마주하고
플라타너스 나무가 서 있다
이미 풋기가 다 빠져버린,
이미 윤기가 다 빠져버린,
말라버린 나뭇잎
듬성듬성 붙이고 서 있다

나무에겐
더 이상의 푸른 잎이 아니었고
나뭇잎에겐
더 이상의 빛 고운 나무가 아니었다

서로의 껍데기,
떨구어 내지 못함은
서로의 메마름 속에 남아 있는
푸른 줄기 한 가닥 때문일까

옛길

들녘에 새들이 많았었지
일제히 날아올라
숲 속으로 사라졌다가
나뭇가지에 앉았다가
고운 목소리로 노래를 불렀었는데
아직도, 그 단순한 동작의 풍경이 아름다운지

꽃밭에 키 작던 봉숭아 채송화
홑꽃잎 겹꽃잎 소담스럽게 피는지
그때 물들였던 봉숭아물
아직도, 손톱 끝 어디쯤에 남아 있는지

그 언덕에선
유난히 바람도 많이 불었지만
나뭇가지는 꺾이지 않고 수를 늘렸고
열매는 탐스럽게 열렸었지

열매의 짙은 물이 입가에 번지면

그 모습에 참 많이 웃기도 했었는데
그 나무의 열매가
아직도, 떨어지지 않고 있는지

그런 것,
그것만 묻고 싶다

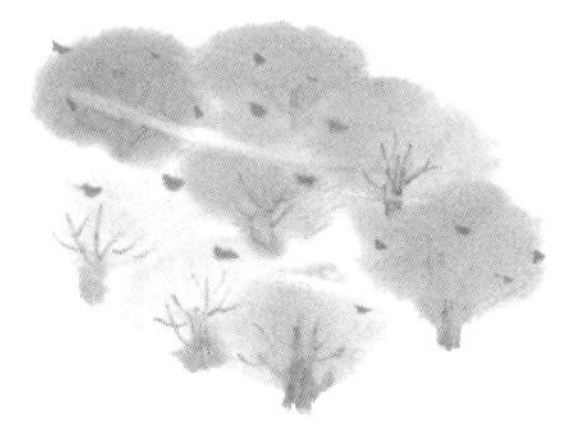

내면세계

가슴이 있어 얼마나 따스한가
마음이 있어 얼마나 행복인가
심연이 있어 얼마나 안전인가

보여지는 것은 위선인데,
밖에 있는 것은 경쟁인데,
이들이 있어 얼마나 다행인가

고요한 명상이 있어 맑아지고
차분한 기도가 있어 든든하며
아득한 추억이 있어 아름답고
무한한 생각이 있어 자유롭다

잔잔한 노래가 있어 평온하고
가득한 세계가 있어 밝으며
푸르른 풍경이 있어 평화롭다

소망이 있어 기쁘고

생명이 있어 축복이다

이들
숨결과 함께
영혼은,
바다가 된다

슬픔을 위하여

아픔을 위한다고
술을 마신다
이것은 아이러니다

슬픔을 위한다고
술을 마신다
이것은 역설이다

찬란한 슬픔이여 일어나라
눈발이 되어
바다의 가슴에 안겨라

육지는 너무 딱딱하고
부드러운 곳은
오직 거기

하늘이 내려준 동아줄을 타고
바다로 가라
살만한 곳은
오직 거기

2

수양버들의 슬픔

꽃씨

먼 나라
새 한 마리
겨울바다
날아온
꽃씨

첫눈

가로등 불빛도 꺼지고
열정도 메말라 흩어진 거리
아직은 견딜 만하다고
다리에 힘주며 서 있던 곳

하늘을 열고
내려오는
그는 누구인가

내 마른 살갗을 감싸주는
소담스런 손길
내 붉은 상처를 덮어주는
감미로운 입술

얼마나 기다렸던가
아, 별빛보다 아름다운
나의 신부여!

무겁고 어두운
그리고 공허한 것들을 위하여
그대의 새하얀 몸속으로
한 편의 명화를 그린다

황홀함,
아스라이 발자국을 남긴다

수양버들의 슬픔

수양버들이 강가에서
연노랑 녹색잎을 틔웠을 때
강물과는 다른 모습 다른 미래였다
공통된 것은 햇살 한 줌
가슴에 채우고 싶은 마음일 뿐

마음을 열고
하늘의 부드러운 빛 안에서
그들은 닮아갔다
버들이 강물 쪽으로 몸을 드리우면서
강물은 그런 버들을 꼭 안고 담아주면서

어느 날 찾아온 폭풍과 폭우
불어난 물에 방황하고 흔들렸으며
거세진 바람에 꺾이고 아팠다
더 큰 잃음은 천둥과 번개가 작렬할 때였다
어디에서나 제자리에 있는 것은 없었다

‘중요하고 위대한 것은 다 흘러간다고’
버들이 혼잣말을 한다
해도 달도 흘러가고
구름도 머물지 않고 흘러가고
바람도 모여왔다 흩어진다

사랑…
중요하고 위대하므로 흘러간다
강물을 보낸다
마른 잎 몇 붙인 채
빈 가지는 그래도 강물 쪽으로 기운 채

나무가 살아가는 길

그 언덕에는 바람이 끊이지 않았다
바람은 그곳 나무들을 흔들었다
어린 나무가 밤낮 휘청이는 모습은
애정 과잉이었다

바람 안이 나무의 집이었지만
비스듬히 서서
잎을 틔우고 그늘을 만들고
살아가는 이유는
하늘가에 별이 있기 때문이었다

산다는 것은
별들도 고통스러운지
어느 날엔 웃었다가
어느 날엔 그 모습이 어두워
알아볼 수가 없었다

단순하게 보이는 나무도 별도

산다는 것은 복잡하고 고통스럽다
빛을 잃은 것은 다 사라진다

바람 부는 언덕에서도
나무가 뿌리를 깊게 내리고
잎 모아 풍경을 만들고
푸른빛 내며 사는 것도

별무리가 떨어지는 날
같이 가 떨어지고
최후의 순간에
별과 똑같은 잔해를 남기기 위해서다

벼랑 끝에서

날개가 달렸어도
벼랑 끝에 서 보세요
얼마나 아찔한지
그해 겨울 견딜 수 없어
무리 지어 날아갔지요

빌딩 옥탑이었지요
거긴 벼랑보다 더 차갑고
강물이나 바다의 위로도 없었답니다
또 다른 온기를 향하여
무리 지어 날아간 곳

도시의 다리 난간이었지요
소음과 아슬아슬함 속에서
밤을 보낸다는 것은
새로운 아침을 맞는 것에 대해
기도할 수 없었답니다

어디에 있는 거죠
더 이상 숨지 말아주세요
돌아오는 길
많은 걸 바라지 않는답니다

푸른 들녘에서 맘껏 날 수 있고
반석에서 날개 모아 쉴 수 있고
물가에서 자유로운 비행을 하고
숲길에서
노래 부를 수 있었으면 좋겠습니다

벼랑 끝에서
그대를 부릅니다

미(美)

나이를 먹는다는 것은
눈이 깊어지고 밝아진다는 것이다
세월이 흐른다는 것은
가슴이 깊어지고 넓어진다는 것이다
보지 못했던 것을 본다는 것이고
깨닫지 못했던 것을 깨닫는 것이고
듣지 못했던 것을 듣는 것이고
느끼지 못했던 것을 느끼는 것이고
품어 안지 못했던 것을 품어 안는 것이다

걷다가, 뛰다가, 넘어지다가, 아프다가
뒤돌아보다가, 문득, 고개를 들 때
내 앞에서는
부족한 내 앞에서는
스승 아닌 것이 없다

혜안이 밝지 않고서는 보지 못한다
산의 혜안은 산을 잘 볼 수 있고

강의 혜안은 강을 잘 볼 수 있고
바다의 혜안은 바다를 잘 볼 수 있듯이
마음에 등불을 밝히고
깨달음을 향해 가는 길이
사람답게 사는 길

우주가 있었지만
모서리밖에 볼 수 없었던
부끄럽고 미안한 마음은
어두운 눈을 위하여 날마다
가득 찬 가슴을 위하여 날마다
조금씩, 비워간다

아름다운 낙하

낡은 빌딩 하나가
안개 속에서 모습을 드러내더니
오늘은 마음을 먹은 듯
강물 깊숙이 내려앉는다
천천히 제 모습을 비추어 보다가
모든 창문을 연다

물들이 들어와 빌딩 안을 채운다
가득 차 있어 무겁던 것들이
창밖으로 뛰어내리기 시작하고
바람 불 때에도 켜져 있던
수만 개의 촛불이 하나둘 꺼져간다

먼지 묻은 시계 속
푸른 시간이 천천히 멈추고
우렁차던 소리는 수면으로 가라앉고
찬란하던 빛은 파도 속에서 희미해지는
아름다운 낙하가 끝날 즈음에

텅 빈 배 한 척
닻을 내린다
초연한 모습 사이사이로
강물은 잔잔히 흐르고
물새는 쉼 없이 날고
구름은 쉬어 가고
햇살은 오랫동안 머물다 간다

그녀를 위한 발라드

함께하는 것만으로도 신록이구나
나누어서 서로 가벼워지자
아껴주는 마음에만 집중하고
기다림이 길어진다 해도
이별이 아님에 손을 모으자

마음 안에 머문다는 것
생각 안에 산다는 것
이보다 가까운 거리는 없다
꽃밭을 일구고 꽃길도 열자
꽃그늘, 노을빛도 초대를 하자

그리고 젖은 깃털을 털고
비상을 하자
그곳은 어둠을 밀어내는
사랑의 여행지
어제는 첫눈, 오늘은 비가 내린다

한강의 비애

죄 없는 강물이
돌에 맞았다
물속에 있던 돌멩이
인부들이 건져냈다
누가 한강에게
함부로 돌을 던진 것일까

하늘에서 눈이 내리고
눈발은 물속으로 뛰어들고
상처 난 곳으로 다가가
부드러운 입맞춤을 한다

노인의 꽃밭

강변 무성한 풀숲 안에
꽃밭 하나 일구고 물길도 열었다
해바라기는 심어 울타리를
울타리 안엔 장미 사루비아를 심어 정원을
그 안엔 연꽃을 심어 연못을 만들었다

우주가 푸르름으로 짙어갈 때
해바라기는 꽃을 피우고 씨를 맺었고
사루비아는 달콤한 꿀이 농익어갔다
장미는 아름다움이 달빛이었고
연꽃은 물놀이를 하는 아이였다

하루에 한 번 이들을 만나고
별을 얻어 갔던 노인
꽃밭 식구들과 절친한 사이였다
그들은 노인의 이야기를 들어주는
귀가 열려 있었고 안아주는 가슴이 있었다

서로 기댄 채
어느 날 찾아온
찬 서리 찬 바람을 피할 수가 없었다
꽃밭의 마음은 다 녹아 버렸고
모습은 일그러지고 휘어지더니 주저 안고 말았다
노인의 발걸음도 이젠 더 이상 없다

다만, 그 옆을 지나는 애절한 눈빛이
봄을 기다리고 있다

꿈이 있는 풍경

사람들이 자전거를 타고 줄지어 달려간다
간혹 뛰거나,
빠른 걸음으로 걷거나, 보통 걸음으로 걷는다
강물은 출렁이고,
물오리는 소리를 내며 헤엄친다
요트를 탄 사람도 넘어짐을 반복하며 전진해간다

바람은 대상을 가리지 않고 밀고, 구름은 흐르고,
비행기는 높이 떠 비행을 한다
마른 풀들은 힘겨운 모습이지만 비스듬히 서 있고,
새들은 나뭇가지에서 강물 위로 비상을 한다

한강 다리 둥근 축대 위엔 방 하나 꾸며 놓고
노숙자 한 사람 꼼짝 않고 잠만 잔다
마시던 음료수 병도 반쯤 남은 음료수도 같은 자세다
벗어 놓은 신발조차 처음 방향 그대로다

겨울바람, 풍경들 다 돌려 보내놓고

부끄러움 숨어들어갈 밤중에
한 사람을 너무 차갑게 사랑했을까
날 밝자 어제가 건네준 오늘이 펼쳐지는데
방 하나 깨끗이 치워 놓고
어떤 그림자도 살지 않았다

거미가 사는 방식

거미가 사는 집을 사람이 짓는다
그 집에서 산다는 것은
발을 디디는 곳마다 지옥이고
거미의 일상은 전쟁터가 된다

사람들은 자신이 살 집이 아니므로
궁전처럼 짓지 않는다

자신들이 사는 집은
갖가지 아름다운 장식과 고운 소리와 향기
멋진 풍경과 맑은 공기로 가득 채우고
행복! 평화! 사랑!이라고 외치며 산다

사람들이 짓는 거미집은
경쟁이 빨간색으로 두껍게 한 층을 지으면
비방과 원망이 검정색으로 더 두껍게 또 한 층을 짓고
욕망과 상처가 얼룩진 적갈색으로 한 층을 지으면
미움과 싸움도 알 수 없는 색으로 또 한 층을 짓는다

가끔씩은 땀과 열정 사랑이 얇게 한 층을 올리기도 한다

거미는
인간들을 위해
눈물을 흘리며
두 손, 모으고 있을 뿐이다

호젓한 부자

오늘 하루, 아주 가끔은

신문을 덮고
어둠 속에 서 있거나
휴대폰을 끄고
외로워지거나

천사도 악마도 구별하는
가슴을 닫고
해돋이도 해넘이도
우주에게 맡기고
세상의 소란스런 곁눈질도
망각으로 차단하고

텅 빈 채,
하늘만 보고
하늘만 담아서
호젓한 부자가 되어 봐요

가난한 영혼들아

3

네 잎 클로버를 찾은 날

작은 평화

해 질 무렵에는
너그러움이 땅을 젖게 한다
경계가 무너지고 감싸 안음이다

하늘은 홍조를 띠고 연인이 되고
강물은 노을빛 치마를 두르고 어머니가 되며
구름은 하늘에서 내려와 정겨운 이웃이 된다

이것만으로도 잔잔한 호수인데,
이것만으로도 하얀 꽃밭인데,

비행기는 흔적만 남기며 소리 없이 지나가고
전철은 강물 속으로 거북이처럼 걸어간다
빌딩 꼭대기는 어스름 속에 각이 둥글어지고
멀리 보이는 산은 부드러운 눈빛을 하고 인사하다

이들과 함께 있는 한 사람
소중한 이 나라의 딸이 되고
마음은 눈물겹도록 시리다

허공과의 동행

윤기가 없어지고
메마르고 건조한 날
허공이 문을 열어 놓은 시간에
밤길을 걷는다

연기처럼 빠져나간 잃어버림에
안개 가득한 날
허공이 문을 열어 놓은 시간에
밤길을 홀로 걷는다

찬 기온이
빈자리에 가득 찬다
찬 바람이
가슴을 휘감는다

내가 열어 놓은 부분부터
가득 차오르고
손을 내미는 허공의 열기

길을 만들지 않아도
이대로가 길이 되고
빛을 만들지 않아도
이대로가 빛이 된다

네 잎 클로버를 찾은 날

강물의 속살이 투명하게 다 보였다
강물도 가끔은 무거운 옷을 벗고
이런 날을 꿈꾸었을 것이다

어린 물고기 형제들이 산책을 나왔다
모든 게 신기한지
기웃기웃 몰려왔다 몰려간다
어느새 배운 헤엄치기
작은 꼬리를 흔드는 유선형이
세상이란 물감으로 덧칠된 마음을
희석시킨다

물속에서 빛나는 햇덩이는
탐욕의 눈을 멀게 하고
두터워진 이끼들은
뾰족한 마음을 덮는다

겨울 일광욕에서도

돌들의 까만 피부와 요염한 자세는
금방이라도 내가 유혹당할 것 같은데
뽀얀 얼굴에 잔잔한 미소를 머금고
이 광경을 지켜보는 모래의 눈빛은
자애로운 어머니가 된다

지친 영혼들아,
네 잎 클로버 안에서 쉬어 가려무나

담쟁이 넝쿨의 사랑

담쟁이 넝쿨의 홀씨
양지바르고 강이 보이는 곳
바람에 실려 날아 앉았을 때
기댈 곳은 벽뿐이었다
높은 벽은 마음이 닫혔고
가슴은 냉기로 싸늘했다

넝쿨이 손을 내밀었을 때
그 손을 잡아주었을 때
믿음은 서로를 열어주었다
꽃잎이 피어나듯이

늦가을,
다 태우고 만,
붉은 강물이 되고 만,
저 재, 저 사랑.

詩에 기대어

시를 읽으면
마음이 씻긴다
가슴으로 읽었을 뿐인데
그의 지혜는
시냇물이다

시를 읽으면
마음이 풍요롭다
가슴으로 읽었을 뿐인데
그의 사랑은
농부의 수확이다

시를 읽으면
악이 사라진다
가슴으로 읽었을 뿐인데
그의 축복은
신의 손길이다

천년의 무게,
눈송이가 된다

못

늘 흔들렸던 못 때문이었어
그림 한 점 벽에서 앉지를 못했다
강물은 암청빛 다시 멈추었고
풀꽃은 긴 슬픈 노래를 불렀다

나비들은 날개를 접고 고독했으며
나뭇잎은 푸른 미소를 잃어버렸다
구름다리 절뚝거림은
미지의 세계로 이어주지를 못했다

여백을 삼켜버린 적막
회색빛 물안개만 피어오를 때
불빛을 내는 망치소리
못, 벽의 심연으로 돌아간다

무향화(無香花)

가리개를 벗고
저울의 중앙에
한 여인이 앉아 있다

세상과 맞선 그녀
남루한 육체는 휘어지고
여린 마음은 굴곡이 깊고
눈빛은 슬픔에 젖어 있다

세상의 따뜻함과 멀어진
웃음을 잃은 그녀
떨고 있는 어깨 위로
하얀 새 한 마리
날개를 펼치고 감싸 안는다

무향화(無香花) 한 송이,
피어난다

개미의 일침

바쁘다는 평범한 이유로
단풍잎으로 가을을 쓰는 일도
가을로 풍경화를 그리는 일도 하지 않고
맛있는 잠을 자는데
다리 부분이 따끔따끔해 왔다

아주 미흡했으므로
대수롭지 않게 넘겼다
며칠 동안 같은 일이 반복해 일어났다
공기가 나빠서겠지
공기 청정기를 옮겨놓고
숲 속에서처럼 잠을 잘 때
생각이 그물망을 거미집처럼 칠 때

그곳에서 빠져나와
새벽과 함께 일어나던 그날
개미의 화살 같은 손이
일침을 주었다는 것을 알았다

노을빛 마음
돌들을 모아 성을 쌓기로 하고
개미들과 손가락을 걸었다

별과 왈츠를

별을 보고 있으면
별과 이야기를 나누고 있으면
어느새 나는 왈츠를 추고 있다

머리는 이슬 되고 맑고
가슴은 시냇물 되고 흐르고
마음은 이슬비 되어 내린다

이 모습으로
슬픈 밤에 별과 왈츠를
이 모습으로
시린 밤에 별과 왈츠를

마음 열지 못한 타인들아
그대 어깨 위에 드리워진 어둠
무게가 고통스러울 때
왈츠를, 별과 왈츠를

어둠은,
왈츠 안에서 밖으로
흘러나간다

혼자 한 또 한 번의 이별

— 어머니 생각

기억 속에 추억 속에
그리움밖에 없는 목마름

바쁜 시간 속에 잠재웠던
피곤함 속에 백발을 만들고 지팡이를 짚게 하고
한 발도 움직일 수 없게 했던
아직도 들려오는 종소리 같은 사랑

행운이었을까
향기를 느낄 수 있는 만남이 있었다
하늘이 열리고
그 옛날 헌신밖에 몰랐던 사랑이 내려왔을까

내 앞에 한 어머니를
뚫어져라, 뚫어져라, 바라보았다
눈, 코, 입, 표정, 목소리,
주름살, 검버섯, 흰머리를 바라보며
나는 시공간을 허물고 말았다

그리고 찾았다
잃어버렸던 사랑을
잃어버렸던 내음을
잃어버렸던 온기를
잃어버렸던 포옹을

최대한 내 감정을 자제하는
뜨거운 눈물만을 남긴 채
목마름은 떠났고
나는, 또 한 번의 이별을 혼자서 했다

기다림

1
산골 사람들
바람이 깊숙이 찾아들 때
문풍지 울음소리 들으며
긴 밤 이야기 깊어가는 것은
아침이면 떠오를
태양이 있기 때문이다

2
허술한 울타리
모퉁이 장막 속에
소들이 짐짝처럼 등에 진 것에
온기를 느끼며
창 너머 머리를 내밀고
눈을 껌벅이며 서 있는 것은
하루에 한 번
달빛이 다녀가는 것을
믿기 때문이다

3

마을 어귀엔
나무들이
허리에 갑옷을 두르고
칼바람을 참으며
마을을 지키는 것도
하늘 향한 가지 끝에
별이 피기 때문이다

4

언덕바지엔
대설에 내린 눈이 소복이 쌓여서
들풀의 뿌리를 위하여
뽀얀 수유를 하는 것도
갓난아이 알몸 같은 들풀에게

제일 먼저

옷을 입혀주려는 마음이기 때문이다

5
강가
마른 풀들이
추위와 외로움에 떨며
조금만 더, 조금만 더, 참아보자
힘을 다해 서 있는 간절함도
겨울 강이 녹으면
맨 먼저
손을 잡아주기 때문이다

6
우리가
미끄러운 얼음길을 걷는 것도
이 길 끝나는 어디쯤에
새의 노래를
들을 수 있고

풍경 좋은 들길을
볼 수 있고
푸르른 하늘을
안을 수 있기 때문이다

봄은,
우리의 정수리를 보고 있다
우리의 봄은,
지금도 오고 있다

선물

눈이라도 올 것 같은 날씨에
창문을 열고
방 하나를 건너
주방까지 들어온 겨울 햇살

식탁 아래에서
환하게 웃고 있다
마치 산타의 선물처럼,
마치 천사의 선물처럼,

마음 휘장을 가르고
내면 깊은 곳에 머물러 준
밝고 온화한 사랑

엉겨 있던 마음이
빛과 하나가 된다
깔려 있던 어둠이 밖으로 나간다

4

작은 별의 꿈

오월의 신부

빈 들녘을 걸을 때
아우성만이 가득하였다
새들은 노래를 잃었고
날개는 비상을 잊었다

부드럽게 감싸주던 구름은
어디에서 머물고 있을까
가슴을 적셔주던 시냇물은
어디로 흐르고 있을까

하얗게 탄 달,
허공에서 부서져 내릴 때에
멀리서 들려오는
동 트는 소리

숲길이 노래를 부르고
들꽃이 춤을 춘다
오월이 다가온다
신부가 다가온다

작은 별의 꿈

하늘 모서리에 흐릿한 별빛
산속에 들 벌레도 보지 못했고
아파트 꼭대기에서도 보는 이가 없었고
들녘에 우듬지 새들도 몰랐다

울지 않았다
죽은 빛을 위해서

강물에 다가가
침전하며 흘러가는 맑음을

들풀에 다가가
죽어서 봄을 맞는 깊은 마음을

포장마차 붕어빵에 다가가
차가움 녹여주는 따듯함을

바람 속 낙엽을 모으는

미화원 손길에 다가가 부지런함을

작은 별,
푸른빛 얻어서
하늘 높이 다시 오른다

나무의 홀로 서기

꽃잎은 더 이상 피지 않았고
나뭇잎은 차가운 낙엽이 되었고
열매는 들새의 먹이가 되었다

강둑에서 즐겁던 아이들
웃음소리도 돌아갔고
낚시꾼들과 숨바꼭질하던 물고기는
물 깊이 들어갔고
물고기와 숨바꼭질하던 낚시꾼은
짐을 챙겨 포구로 향해 떠났다

포구에 묶여 있던 빈 배 한 척
마지막 손님인 듯 몇몇을 태우고
뒷모습 보이며 사라졌다

햇살은 어둠만 남겨놓고 사라졌고
바람은 기척을 내다가 숨어 버렸고
강물은 숨을 멈춘 듯 고요했다

가까이에 있는 것은 오직, 어둠뿐,
알몸인 나무에게 사랑인 것은 오직, 어둠뿐,
나무는 일어서지도 못한 채
하늘을 보았다

수만 개의 별이 웃는다
그 별은, 나무의 다리

초여름의 낮 꿈

꽃밭에 돌풍이 휘몰아왔다.
바람은 꽃잎을 흩어놓고,
광기는 여린 순을 뽑아 놓았다.

제자리를 잃은 풀꽃,
비에 젖었다.
비는 강줄기를 따라 흘렀고,
불빛은 빗줄기를 따라 흘렀다.

밤 강 어둠 속으로
피리 소리, 새들의 소리,
초여름, 낮 꿈에서 깨어난다.

생트마리드라메르 바다의 풍경

생트마리드라메르 바다의 물빛에
한 천재 화가가 깊숙이 젖어갈 때
물빛의 다양한 영혼을 살려내기 위한
붓놀림은 돛을 달았다

흰색, 선명한 파란색으로
흰 구름 푸른 바다를 그려 놓으면
녹색 파도 노란 파도가 그 바다에 표류했다

지중해 실경은
금방 잡아 올린 등 푸른 고등어 빛이었고
고기잡이를 마치고 돌아온 작은 어선은
바다와 어우러져 평화가 된다

아직도 붓을 놓지 못하는
화가의 그 바다
사람들이
각자의 영혼에 물을 들인다

야생초 일기

겨울 강을 지나고
매운바람을 지나
자연과 포옹을 하는 야생초

대지가 내어준 모퉁이에
작은 집을 지었지만
인기척은 사라지고
바람만이 불 뿐이다

하늘이 동행한
맑은 영혼,
달빛으로 싹을 틔우고
새벽별로 잎을 키우며
구름으로 꽃을 피우고
햇살로 꽃씨를 만든다

홀씨,
세상의 어둠을 덮는다
잠자는 세상을 깨운다

비움의 미

속은 불편해 두 끼를 거르고,
옷장에 옷은 반으로 줄이고,
신발장에 신은 반으로 비운다
편안함, 자유, 여유를 위해

작년에 잘라주었던
무궁화, 라일락, 앵두나무, 목련,
그 가지를
올해에도 또 잘라준다
무성함, 아름다움을 위해

봄 엽서

바람이 들녘을 흩어놓고
폭우가 언덕을 넘어뜨리니
나무가 흙탕물에 떠밀려간다
내를 지나 강을 따라서

뿌리는 방향을 잃고
줄기는 휘어지고
잎새는 찢기어진 채
소리 없는 울음이 흘러간다

강물을 지키던 바위
그들을 보듬어 안는다
그 따스함 안에서
밤을 지새우던 꿈

나비,
멀리멀리 난다

두 얼굴

아파트 완공되지 않은 공사
빈 창문 검은 눈동자
밤바람에 홀로 껌벅이다가
아침이면,
또 다른 역사를 세운다

겨울나무
잎사귀 다 떨구고
빈 가지만 외롭게 서 있다가
아침이면,
봄을 분주히 준비한다

나는 가슴 깊이
밤공기를 마시며
창가에서 하루를 돌아보다가
아침이면,
꿈을 옮기는 소녀가 된다

우울한 사월

변덕스런 사월이다
혼란스러움, 하늘도 무겁고
사람도 자연도 우울하다

비가 내린다
우박이 쏟아진다
강풍이 분다
황사가 앞을 막는다
다시, 햇살이 사랑처럼 다가온다

누구의 모습이 사월이란 말인가
내 눈이 밤이 된다
후드득, 후드득, 소낙비가 내린다

별유풍경
무지개가 그려지고
새들이, 남쪽으로 향해 난다

울타리

숲 속 나무에
달콤한 열매가 열렸고
향기로운 꽃이 피었다

수풀과 꽃 언저리에
벌레들이 서성거리다가
상처를 입혔다

숲 주인은 이들을 위해서
하늘, 햇살, 맑은 공기를 선물했고
노래를 불러주었고
춤도 추었지만
처음 모습은 없었다

높고 긴 울타리를 치고
덩굴장미를 심었다
덩굴장미가 피던 오월
그 숲, 나비들의 행렬
꽃밭이었다

한여름 벌레들의 비애

길과 숲이 어우러져
풍경 좋은 여름날
키 작은 나무나 풀들의 가지, 줄기, 잎은
길 쪽으로 멀리 뻗거나 기운다
사람이 다니는 길을
기웃기웃하다가 경계를 허문다

길은 길, 숲은 숲,
인부들이 훤하게 밀어서 구역 정리를 하고 만다
따스하던 숲 속은 비극이다
새들은 울면서 날아가고
나비는 놀란 날개를 돛처럼 세워 어디론가 사라지고
벌들은 휘둥거리다 보이지 않는다
대이동이 시작되고
살아남기 위해 몸부림친다

지열이 높고 풀포기도 없는
사람이 신을 신고 다니는 길

개미에서 이름 모를 벌레들은
맨몸으로 달려가거나
가던 길을 포기하고 한 발도 더는 꼼짝할 수 없거나
방향을 잃고 허둥대거나
운 좋게 땅속으로 들어가거나
기적처럼 옆 숲으로 들어가는 행운이 일어나기도 한다

안락한 곳을 잃어버린
소리 없는 차가운 절규가 한여름 대낮을 식힌다
몇몇 사람만이 이방인의 언어를 알아듣고
싸늘해진 가슴으로 슬픔을 안는다
그들의 자리를 위하여

위로

떠났다
마지막 잎새

알몸이 된 나무
빈 가지 끝에
별이 피었다

차가운 밤길
별 가슴에 마음을 푼다
별빛이
어둠을 헤치고 다가온다

콕콕 찌르던
도깨비바늘이
떨어진다

5

회상

낙엽

비비케이, 특검법,
주가폭락, 입시부정, 수능등급제…
새벽에, 첫눈에, 천둥소리

쌓인 눈 지켜 잠 못 든
가로등 불빛 아래
미화원이 낙엽을 모아서 태운다

하얀 연기 허공을 오른다
외줄을 그리면서

회상

1
얼음길
넘어지고 또 넘어져도
미끄럼 놀이가 유일한 선물이 될 때
또 하나의 선물을 받았었지
유난히 새하얗고 많이 내렸던 눈
쌓인 아침을 뜨면
강아지들과 즐겁기만 했었지
그때 눈을 굴려 만든 눈사람
눈사람도 즐거워
하루종일 같이 뛰어놀았지

2
밤하늘엔
눈을 크게 뜬 새파란 별이
쏟아질 것 같은 모습으로
밤길을 지켜주었고
보름달이 뜨는 날엔

투명한 유리창을 단 것 같아
달 안의 모습이 동화처럼 보였지

3
멍멍개 소리는
크게 울려 퍼져서
먼 길까지 지켜주었고
그 밤에 공기는
맑아서 시리기까지 했지만
마음은 온화했지

4
감나무는
몇 개의 주홍감을 달고
서리에 맞고서도
아이들의 입맛을 살펴주는
인정 많은 아저씨였고
동짓날엔

커다란 솥에 하나 가득
바알간 팥죽이 끓었지
맛을 제대로 알기나 했을까
그때 그 맛을

5
성탄절엔
새벽잠을 자던 아이
어머니들의 노랫소리가 깨워주었고
멀리서 들려오는 종소리는
아이를 씻어주었지
몇 명의 아이들
작은 길 따라갔던 교회당
알기나 했을까 기쁘다 구주 오셨네
목청껏 불렀던 그 시절

6
성탄절을 밝히는

전구의 작은 불빛이
별처럼 반짝이는 예쁜 모습을 보면서,
거리에 넘쳐나는 인파들을 보면서,
텔레비전에서 들려오는 캐럴송을 들으면서,
동방박사가 찾던 별을 나도 찾다가,

하얗기만 하던
그 시절
종소리 같던 겨울을 그린다

바이러스

길이 보이지 않는다
머리는 작동이 멈추고
눈은 보지 못하고
귀는 듣지 못하고
입은 말할 수도 없다

온통 텅 빈 하늘인데
온통 길뿐인데
출구가 없는 날
그날은 바이러스가 환경을 파괴시킨
잔인한 전투의 날이다

애써 더듬더듬 손으로 출구를 찾지만
어둠 속에 잡히는 것은
'기다림' 이란 나무로 된 팻말 하나
난 그 팻말을 들고
벌 받는 아이처럼 서 있다, 지금.

성탄절

온 거리에
취하고 비틀거리는 마음이

따스함이 없는 곳에
거짓된 사랑이

당신의 자녀라고 우기고
당신께
정녕 부모라면
반씩 나누어 가지라고 해도

그 지혜롭던 어머니처럼
사랑하므로,
당신의 자녀가 아니라고 하소서

사랑하므로,
다른 어머니에게
그냥, 돌려주소서

12월의 풍경

오랫동안 걸어온 길
문득 뒤돌아보았다
고르지 못한 지면에서
윤을 내는 돌멩이

바쁜 걸음이 모서리를 깎아서
어느덧 조약돌이 되어버린
모양과 크기 색깔이 다른 돌
소박한 보석이 된다

비를 맞아서 까맣게 변했거나
빗물 흐르지 못해서 이끼가 덮여 있거나
잡초들 사이에서 모퉁이만 보이거나
햇살 고아서 미소를 머금고 있거나
다양한 모습은
눈물 같은 풍경이 된다

이 풍경 위하여
하늘의 별 모두 내려올 때
나는 잎이 많은 소나무를 심는다

한 해를 돌아보며

올해 마지막 일기를 쓰고
처음으로 돌아가 읽어 보았다

푸른 새벽이 꿈틀대고
타는 불길이 후끈거리고
잔잔한 사랑이 흐르고 있었다

이들과의 동행

내가 살아가는 이유였을까
모든 불을 끄고 창문을 열고
한 자루의 촛불에 불을 밝힌다

숨고르기를 한다
창밖엔 은빛 눈송이가 내린다
눈송이가 촛불 속으로
날아가 촛물이 된다
나도 그 옆으로 날아가 촛물이 된다

작은 동물의 겨울

굶주린 작은 동물은
모든 것에 무관심이었다
먹어야 한다는 소망 하나밖에는

허기진 배를 움켜진 그들
가슴은 이미 없었다
허기진 눈의 빛은
이미 눈빛이 아니었다
앞발에 남아 있는 둔탁한 촉각으로
먹이를 찾고 있었다

사방에 흩어진 것은
껍데기뿐

우물이 보이는 쪽으로
사막초를 향해
그들은 달린다

사탄의 노래

민들레는 울타리를 엮고
남실바람은 풍경소리를 만드는데
사탄의 노래가 회오리친다
이끼 꽃이 청정한 요람에

허공에 흩어진 고요
영혼은 메말라 가고
의지는 약해져 간다
창가엔 햇살이 없고
뜰에는 서리가 내린다

눈물 젖은 구름,
허공에 매달려
사라진 하늘을 찾는다

좁은 길

하이에나,
먹이를 찾아 숲 속을
슬렁거리며 다니고 있었다

사냥의 무리들은
나무 위에나, 바위 위에나,
깊은 숲 속으로나
숨지 않았다

험하고 마른 길을
힘차게 달려갈 뿐이었다

그때,
초원이 보였고,
웅덩이엔 물이 고여 있었고,
하늘엔 비가 내리고 있었다

작은 이들의 아우성

개미들이 기어 다닌다
전 인생을 걸고 부지런히 움직인다
손가락 하나가 살짝만 눌러도
이미 살아 있음이 아니다

그는 너무 작고
손가락 하나의 힘은 크다
그는 너무 작고
사람의 힘은 위대하다

우리도 작은 개미 한 마리
전 인생을 걸고 부지런히 움직인다
다만, 신의 손가락 하나가
누르지 않았으므로

우리는 너무 작고
신의 손가락 하나의 힘은 크다
우리는 너무 작고
신의 힘은 무한하다

두통

두통이 찾아왔다
아픔이 머릿속을 누빈다

책을 읽는다
글이 흐르다 멈춘다
친구에게 전화를 한다
말이 이어지다 끊어진다
고통의 발걸음만 빨라질 뿐

눈 속으로 물이 들어오고
어둠이 머리를 점령하니
배가 이제 침몰할 모양이다

그때,
허공에서 들려오는 바람소리
어둠을 에워싸겠지
아마도

서정으로 쌓아올린 이 시대 마지막 사랑의 집 한 채

— 정소현의 『그대를 위한 협주곡』은 무한 사랑의 메시지

이끌림(시인 · 문학평론가)

1. 강렬한 시적 탐구, 절정의 언어가 탄생되다

21세기의 최대 이슈는 생각의 파괴이다. 생각의 속도는 빛의 속도를 초월한다. 빛이 화성에 도달하는 그 순간보다, 이미 내 생각 속에 화성은 머물고 있다. 그만큼 생각의 속도는 빛의 속도를 앞서고 있는 셈이다.

인간의 뇌는 인간의 신체를 지배한다. 생각을 제어하는 뇌가 만약 죽음을 지시한다면, 여지없이 인간 스스로 자기 파멸의 길을 걷게 된다. 생각은 인식을 불러들이게 하고, 인식은 행동을 낳게 한다. 생각을 더 구체적으로 표현하면, 이미지의 표상이다. 이미지는 일상적인 삶으로부터 정치, 경제, 사회, 문화 등 다양한 분야에서 각기 다른 모습으로 나타난다. 그러한 인식을 가능하게 만들고, 이미지를 창출하게 하는 요인 그 자체가 끊임없는 상상력이란 사실이야말로 간과할 수 없는 현실이다.

생각은 한마디로 삶과 죽음을 디자인하게 만드는 근원이다. 부족한 인간의 결점을 생각을 통해 충족시킬 수 있도록 만드는 원동력이 바로 생각의 힘이다. 정소현 시인은 생각의 힘을 시로 표현한 대표적인 시인이다. 생각은 보석으로 치면, 원석(原石)이라 할 수 있다. 원석을 갈고 닦아서, 지상에서 가장 빛나는 언어로 갈무리해내는 작업은 시인의 몫이다.

시인이 없으면, 이 세상의 사유는 한낱 물질세계에 밀린 무의미한 푸념에 불과하다. 즉, 시인이 원석을 강력한 시적 탐구를 통해 새로운 생명을 탄생시킨 것이다. 별빛과 풀잎을 소통하게 만드는 것과 다를 바 없다.

정소현 시인의 작품들은 한마디로 절정의 에너지를 과시하고 있다. 그 에너지 속에 흡입되면, 죽어가는 생각도 싱싱한 이미지로 되살리는 묘한 마력을 갖고 있다. 그러한 밑바탕에는 끊임없이 분출되고, 활활 타오르는 서정의 미학이 존재하기 때문이다. 서정(抒情)은 무딘 일상을 깨트리는데 기여한다.

정소현 시인은 카타르시스의 샘물을 갖고 있다. 아무리 거대하고 딱딱한 감각으로 치장한 것이라도 금방 싱싱한 빛깔을 띤 새로운 존재로 탈바꿈시키는 것이다.

그가 최종적으로 지향하고자 하는 곳은 바로 사랑의 집

이다. 서정성으로 가득한 언어들은 이곳을 향해 은빛 싱그러운 비늘을 날리며, 멋진 항해를 구가하고 있는 것이다.

시인의 작품 중에서 「희망을 위한 협주곡」은 그의 감각을 대변해주고 있는 대표적인 수작(秀作)이라 할 것이다.

겨울비가 내린다
다정한 비는
빈 들녘
까칠하고 다 말라버린
우리들의 가슴 잿빛 목마름에
입맞춤을 한다
어서 일어나라고

황량한 마음이
죽음처럼 흩어진 자리에
삶의 무게가
웃음을 앗아간 자리에
노래를 부른다
일어나야 한다고

겨울 들녘에서
남모르게 흘러
얼어붙은 모든 눈물에
겨울비는

결국 하나가 되고 만다

허무한 심연 속에 있는 꿈
햇살 아래에서
눈을 뜬다

—「희망을 위한 협주곡」 전문

삶과 죽음을 노래하는 것 자체가 초월성을 갖고 있는 것이다. 비단 그뿐인가? 그 노래 속에는 민초들의 정한(情恨)도 서슬 푸르게 번뜩인다. 약한 듯 보이지만, 결코 약한 것이 아닌 부드러움의 미적 특성 또한 공유하고 있는 것이다.

'협주곡'이란 말은 인간으로 하여금, 음악적인 공감대를 유발시키는 미적 감각의 산물이다. 그러므로 시인의 감각은 음악적인 이미지를 불러 모으는데 전혀 어색하지 않다. 그는 음악적인 이미지뿐만 아니라, 내공을 키우는 법을 스스로 터득한 시인이다. 그의 시, 「갈대」에서 사유(思惟)의 깃을 털고 있는 것을 발견하게 된다.

어느 날에도
바람에 흔들리지 않는 날이 없구나
하얗게 타들어가는 가슴만 보아도
세상살이 만만치 않다는 것 알아차려 보지만

어스름 내리는데 힘겹게 서 있는
그 고통이 애련하구나
이 겨울, 바람 부는 밤을,
네 여린 마음이 어떻게 보낼지
바람아 불지마라
바람아 불지마라

어둠이 깊어 가는데 넘어졌다 일어서는
그 아픔이 기특하구나
이 겨울, 얼음 두꺼워지는 밤을,
네 소리 없는 눈물이 어떻게 보낼지
바람아 불지마라
바람아 불지마라

한 곳을 향하여
모든 발부리를 세우고
손을 모은 내게로
햇살은, 바람을 뚫고
창대한 햇덩이, 네 앞에 놓고 간다

—「갈대」 전문

갈대는 시적 대상이다. 그 대상은 시인 자신일 수도 있으나, 포괄적인 의미로 해석하는 것이 더 바람직하다. 갈대는 그 해석이 분분한 시적 소재이다. 다의성(多意性)을 함유한 것이다.

일반적으로 민초, 혹은 대중들의 모습으로 보는 사람도 있으나, 우리 시대 가장(家長)이 느껴야 하는 애환이 담겨져 있다고 봐도 무방할 것이다. 가장은 아버지나 어머니, 혹은 소년, 소녀 가장도 있다. 구슬픈 노래가 창가를 두드리고 있는 것이다.

모성애는 모든 휴머니티의 기본적인 테마가 될 수 있다. 시인에게도 예외이지 않다. 그녀의 「아기 새를 위한 기도」가 이를 확인시켜 주고 있다.

겨울 나뭇가지에서
아기 새 한 마리 떨어지는 것을 보았습니다
차가운 밤 깊어 가는데
낮에 본 꿈 잃은 모습은 한 짐이 되고
그 무게로 몸을 가눌 수가 없었습니다

모든 불을 다 끄고
아기 새의 고통만을 위해
불 하나를 밝히고 눈물을 마셨습니다
쓴 눈물은 부러진 날개를
새 날개로 만들지 못했습니다

잠을 잤습니다

잠속에서도 어린 영혼은 파닥거렸고
나는 절름거리며 새벽을 열었습니다

신문을 읽을 때에도
따뜻한 아침밥을 먹을 때에도
친구와 다정히 대화를 나눌 때에도
짙은 그림자가 따라다녔습니다

그 그림자 떼어 버리려고
응달진 찬 거리를 바쁘게 걸었습니다
그때 내 앞에 있던 날지 못한 아기 새
하늘을 보고 손을 모았습니다
아기 새의 비상을 위해

—「아기 새를 위한 기도」 전문

아기 새의 비상은 곧, 통과제의(通過祭儀)를 통과한 우리 시대의 자화상이다. 통과제의는 인간뿐만 아니라, 동물의 세계에도 엄연히 존재한다. 자칫 대상을 '아기 새'로 한정(限定)한 것처럼 보일 수 있으나, 사실은 그러하지 않다. 모성애를 가진 우리 시대의 어머니와 자식 간의 모습을 구현한 것이다. 따스한 인간미가 물씬 풍기는 작품이라 할 것이다.

시인에게 빼놓을 수 없는 것이 바로, 그리움이다. 그리움은 모든 작가들의 회귀본능과 직결된다. 이같이 그리움을 더 진하게 물들인 작품이 바로 「겨울새의 그리움」이다.

자작나무에 앉았을 때
무겁고 처진 날개 대신
나무는 힘찬 날개를 달아주었습니다

바다까지 가야 하는
길을 잃고 방황할 때
몇 번이나 주저앉을 때
나뭇잎은 바람 부는 방향에서
길이 되어주었습니다

오늘은 그 나무의 영혼이
은빛 되어 반짝이는 날입니다
그 숲이 보고 싶어
눈물 나는 날입니다

밤 깊어 갈 때
별 하나
하얀 나뭇가지에 내려와
싸늘한 눈물
손 꼭 잡아주겠지요

— 「겨울새의 그리움」 전문

따뜻한 눈빛은 바라보는 대상에게도 따뜻한 감동을 전해준다. 그녀의 시적 특성은 휴머니티로 포장되어 있다. 그리움이 막연한 것이 아닌, 구체성을 띠고 있다는 점이 더 밀도감이 있는 것이다.

시적 서술어가 '~습니다', '~입니다', '~지요'와 같은 표현은 그리움의 강도를 부드럽고 깊게 물들이는 시적 장치로 작용한다.

자연을 소재로 한 작품은 어느 정도 공간적인 객관성을 견지한다. 그 확보된 객관성 위에 서정의 붓끝을 한껏 풀어놓는 미적 감각이 돋보인다.

부산 해운대를 배경으로 하고 있는 「겨울 밤바다」가 이를 확인시켜 준다.

모든 일상을 던져 놓고
흔들리던 배에서 내려
겨울 밤바다 앞에 선다
수십 년 잠들었던 그가 달려와 포옹을 한다
어둠과 함께

옛 모습 그대로, 모습에 숨이 멎는다
옛 모습 그대로, 노랫소리에 귀가 먼다
옛 모습 그대로, 모래알은 발아래에서 감미롭다

누더기 옷을 벗기고 날개를 달아준다

밤바다, 밤 파도, 밤 모래밭, 얼마 동안이나
날며, 바라보며, 걸으며,
느꼈을까, 들었을까, 만져보았을까,
목마름에 물이 가득 차오른다

재회는 말이 없다
바다가 내 안으로 들어오고
밤은 내 안으로 스며들고
나는 그들 안에서 감아 놓은 시간을 푼다

—「겨울 밤바다」 전문

시상 흐름이 활달하고 역동성마저 갖고 있는 시인의 대표적인 작품이다. 세상에는 해운대를 그린 작품들이 많지만, 이토록 아름답고 역동적으로 표현한 작품은 드물 것이다.

이 시집에는 좋은 작품들이 즐비하다. 원석을 깨트려 새로운 생명을 탄생시킨 작품들이 많다. 「겨울 밤바다」는 그러한 작품들 중의 하나라고 할 수 있다. 황량한 벌판에 놀라운 미감(美感)을 분출시키고 있는 것이다. 세상의 시간을 시인이 맘껏 풀어놓을 수 있는 것 그 자체가 매우 신선한 일이 아닐 수 없다.

세계를 경악시킬 일은 생각의 탄생이다. 생각은 자유와 혁신을 추구한다. 물론 다른 관점에서 추구할 수 있다. 그럼에도 생각은 시인으로 하여금, 상상력을 생성시킨다.

2. 자아성찰을 통한 명상의 길을 걷다

살아 있음은 희망을 남겨준다. 인간은 죽지만 시인은 죽지 않는다. 시혼(詩魂)과 시어들이 많은 사람들의 뇌 속에서 살아 있는 것이다. 수많은 생각들이 죽음을 인정하지 않는다. 생각을 자아의 틀 속에 재정립시켜주는 작업이 자아성찰인 것이다.

자아의 끊임없는 탐구과정을 통해 명상(瞑想)의 길을 찾아내고 스스로의 자체 결함을 발견하며 걷게 된다.

정소현 시인의 시혼은 남다르다. 그러한 시적 사유를 가능하게 만들도록 확인시켜준 작품이 「나무가 살아가는 길」이다.

그 언덕에는 바람이 끊이지 않았다
바람은 그곳 나무들을 흔들었다
어린 나무가 밤낮 휘청이는 모습은
애정 과잉이었다

바람 안이 나무의 집이었지만
비스듬히 서서
잎을 틔우고 그늘을 만들고
살아가는 이유는
하늘가에 별이 있기 때문이었다

산다는 것은

별들도 고통스러운지
어느 날엔 웃었다가
어느 날엔 그 모습이 어두워
알아볼 수가 없었다

단순하게 보이는 나무도 별도
산다는 것은 복잡하고 고통스럽다
빛을 잃은 것은 다 사라진다

바람 부는 언덕에서도
나무가 뿌리를 깊게 내리고
잎 모아 풍경을 만들고
푸른빛 내며 사는 것도

별무리가 떨어지는 날
같이 가 떨어지고
최후의 순간에
별과 똑같은 잔해를 남기기 위해서다

—「나무가 살아가는 길」 전문

정소현 시인의 논법은 자연주의에 기초를 두고, 인류애를 구현하는데 조금도 거리낌이 없다. 삶의 방식이 누구나 똑같을 수는 없지만, 매우 특별한 기억을 정리한 작품이 아닐 수 없다.

나무가 살아가고 걷게 되는 길이란 인간의 세계를 의미한다. 그러한 이치를 고스란히 담아내고 있는 것이다. 그래서 스스로 세상을 비워내는 시간을 할애한다.

시인이 바라보는 미적 관심은 성숙미다. 이를 확인시켜 준 작품이 「미(美)」이다.

나이를 먹는다는 것은
눈이 깊어지고 밝아진다는 것이다
세월이 흐른다는 것은
가슴이 깊어지고 넓어진다는 것이다
보지 못했던 것을 본다는 것이고
깨닫지 못했던 것을 깨닫는 것이고
듣지 못했던 것을 듣는 것이고
느끼지 못했던 것을 느끼는 것이고
품어 안지 못했던 것을 품어 안는 것이다

걷다가, 뛰다가, 넘어지다가, 아프다가
뒤돌아보다가, 문득, 고개를 들 때
내 앞에서는
부족한 내 앞에서는
스승 아닌 것이 없다

혜안이 밝지 않고서는 보지 못한다
산의 혜안은 산을 잘 볼 수 있고

강의 혜안은 강을 잘 볼 수 있고
바다의 혜안은 바다를 잘 볼 수 있듯이
마음에 등불을 밝히고
깨달음을 향해 가는 길이
사람답게 사는 길

우주가 있었지만
모서리밖에 볼 수 없었던
부끄럽고 미안한 마음은
어두운 눈을 위하여 날마다
가득 찬 가슴을 위하여 날마다
조금씩, 비워간다

—「미(美)」 전문

시안(詩眼)으로 세상을 바라보고 담아내는 경지에 이르면, 아름다움을 바라보는 깊이가 다른 것이다. 가슴에 세월을 쓸어 담는 시인의 눈은 사물 그 자체에 머물지 않고, 본질을 세밀하게 직조해 놓는다.

시인은 별과 같은 존재이다. 시인이 쏟아내는 시혼과 시어들은 별빛이다. 그 별빛을 받는 대상이 풀잎이다. 풀잎은 독자, 대중이다. 풀잎들에게 새로운 메시지를 던져줄 때마다 별빛은 죽지 않고 계속 빛나는 것이다. 한 번 빛나고 죽어간 별빛이 얼마나 많은가. 그럼에도 시인의 시혼과 시어들은 한결같이 맑고 투명한 별빛들이다. 그녀의 별빛을 듬뿍듬뿍 받아낸 풀잎들은 즐겁다. 별빛은 곧 풀잎들에게 자양분과 같다. 지상의 많은 동식물들이 광합성 작용을 하는 햇빛이 반드시 필요하듯, 인간에게 삶의 자양분을 공급해주는 시혼이야말로 더더욱 필요한 것이다.

지상의 많은 나무들마다 위로 오를수록 떨어지는 법을 잊는다. 가을이나 겨울이 되어서야 낙엽을 떨어뜨릴 뿐이다. 시인은 떨어지고 낮아지는 법을 역설적으로 아름답다고 표현하고 있다. 높을수록 낮은 곳의 존재를 인식하지 못할 수도 있다.

그러나 좀 더 자세히 아래쪽을 내려다보면, 그렇지 않다. 행동이 필요한 것이다. 내 현재 위치가 얼마나 높은 곳에 도달해 왔는가를 가늠해줄 시야의 확보가 필요한 것이다. 그러한 중심에서 '아름다운 낙하'를 하고 있는 시인을 만날 수 있다.

낡은 빌딩 하나가
안개 속에서 모습을 드러내더니
오늘은 마음을 먹은 듯
강물 깊숙이 내려앉는다
천천히 제 모습을 비추어 보다가
모든 창문을 연다

물들이 들어와 빌딩 안을 채운다

가득 차 있어 무겁던 것들이
창밖으로 뛰어내리기 시작하고
바람 불 때에도 켜져 있던
수만 개의 촛불이 하나둘 꺼져간다

먼지 묻은 시계 속
푸른 시간이 천천히 멈추고
우렁차던 소리는 수면으로 가라앉고
찬란하던 빛은 파도 속에서 희미해지는
아름다운 낙하가 끝날 즈음에

텅 빈 배 한 척
닻을 내린다
초연한 모습 사이사이로
강물은 잔잔히 흐르고
물새는 쉼 없이 날고
구름은 쉬어 가고
햇살은 오랫동안 머물다 간다

—「아름다운 낙하」 전문

삶의 일상에서 벗어나 관조하는 위치에 서면 설수록 시적 미학은 빛나게 마련이다. 정소현 시인의 시안(詩眼)은 이를 충실하게 반영해주고 있다.

세상에는 수없이 많은 난관과 시련이 즐비하게 늘어져

있다. 이러한 세상 속에서도 즐거움을 느끼는 시인의 감정은 '블루오션 전략'과 일치한다. 시인의 생각이 풀잎과 공유하고 있다는 점이다. 풀잎들의 입장에서 모든 시를 꽃피우는 관점이 무엇보다 중요하다. 이를 충실히 수행하고 있는 「꽃씨」를 살펴보면 다음과 같다.

먼 나라
새 한 마리
겨울바다
날아온
꽃씨

—「꽃씨」 전문

시인은 변신과 변모의 화신이다. 새가 되어 바다 위를 날아다니기도 하고, 꽃씨가 되어 탄생을 예고하기도 한다. 아름다움을 생산해내는 존재로 대변신을 한다. 시인의 스케일은 시적 역량과 비유할 수 있다. 인용된 '꽃씨'는 아포리즘의 전형으로 볼 수 있는데, 새로운 삶을 반추하는 이미지로써 성공하고 있다.

세상에는 부자도 많고, 가난한 사람들도 많다. 그러한 사람들 중에, 부자의 개념을 재정립하고자 한다. 세상의 부자는 시간을 잘 활용하고, 이를 적절히 관리하는 사람이 부자이다. 시간은 곧 돈이다. 시간은 곧 예술이고, 창조이다. 이런 창조의 틀 속에는 상상력이라는 생각에너지가 무한대로 꿈틀거리고 있다는 점이다.

생각에너지를 적용할 때가 방법의 사례이다. 그런 사례의 하나가 시적 창조를 의미한다. 정소현 시인은 꿈을 시로 그린 시인으로서 우뚝 서 있다.

꿈은 미래를 포함한 희망의 상징물이다. 풍경을 짠 그녀의 설계도인 「꿈이 있는 풍경」을 살펴보면 다음과 같다.

사람들이 자전거를 타고 줄지어 달려간다
간혹 뛰거나,
빠른 걸음으로 걷거나, 보통 걸음으로 걷는다
강물은 출렁이고,
물오리는 소리를 내며 헤엄친다
요트를 탄 사람도 넘어짐을 반복하며 전진해간다

바람은 대상을 가리지 않고 밀고, 구름은 흐르고,
비행기는 높이 떠 비행을 한다
마른 풀들은 힘겨운 모습이지만 비스듬히 서 있고,
새들은 나뭇가지에서 강물 위로 비상을 한다

한강 다리 둥근 축대 위엔 방 하나 꾸며 놓고
노숙자 한 사람 꼼짝 않고 잠만 잔다
마시던 음료수 병도 반쯤 남은 음료수도 같은 자세다
벗어 놓은 신발조차 처음 방향 그대로다

겨울바람, 풍경들 다 돌려 보내놓고
부끄러움 숨어들어갈 밤중에
한 사람을 너무 차갑게 사랑했을까
날 밝자 어제가 건네준 오늘이 펼쳐지는데
방 하나 깨끗이 치워 놓고
어떤 그림자도 살지 않았다

—「꿈이 있는 풍경」 전문

비상을 꿈꾸는 자에게 무슨 일이든 두려울 것이 있으랴. 사회의 가장 어두운 저편에 무관심 속에서 살아가는 노숙자들의 애환조차 거침없이 드러내는 그녀의 화법은 대단히 신선한 것이다. 보통 수산물시장에서 볼 수 없는 머나먼 동지나해의 활어(活魚)를 선보이고 있는 듯하다.

잘 알려진 영화 〈스파이더맨〉을 보면, 세상을 통째로 다 빨아들일 것 같은 거미를 발견할 수 있다. 정소현 시인은 시를 통해 거미줄을 치며 그 속에 살아가는 우리 시대의 모습을 다 재생시키고 있다. 「거미가 사는 방식」에서 영화보다 더 재미있는 광경들을 목격할 수 있다.

거미가 사는 집을 사람이 짓는다
그 집에서 산다는 것은
발을 디디는 곳마다 지옥이고
거미의 일상은 전쟁터가 된다

사람들은 자신이 살 집이 아니므로
궁전처럼 짓지 않는다

자신들이 사는 집은
갖가지 아름다운 장식과 고운 소리와 향기
멋진 풍경과 맑은 공기로 가득 채우고
행복! 평화! 사랑!이라고 외치며 산다

사람들이 짓는 거미집은
경쟁이 빨간색으로 두껍게 한 층을 지으면
비방과 원망이 검정색으로 더 두껍게 또 한 층을 짓고
욕망과 상처가 얼룩진 적갈색으로 한 층을 지으면
미움과 싸움도 알 수 없는 색으로 또 한 층을 짓는다
가끔씩은 땀과 열정 사랑이 얇게 한 층을 올리기도 한다

거미는
인간들을 위해
눈물을 흘리며
두 손, 모으고 있을 뿐이다

—「거미가 사는 방식」 전문

거미는 노동자의 모습이다. 다른 사람들을 위해 평생을 다 바치는 삶을 지향한다. 거미의 속성은 집을 만드는 일이다. 새로운 집을 한 층 한 층 올리며, 생의 희열을 느끼

는 것이다. 그 삶은 마치 시를 직조해내며 희열을 만끽하는 시인의 삶과 통한다. 또한 노동자들이 삼겹살에 소주잔을 기울이는 은밀한 즐거움과 통한다.

시인은 일상과 매우 가까운 거리에 있다.

사정거리에 있는 셈이다. 일상 속에서 사유하는 모습을 시, 「못」을 통해 또다시 확인할 수 있다.

늘 흔들렸던 못 때문이었어
그림 한 점 벽에서 앉지를 못했다
강물은 암청빛 다시 멈추었고
풀꽃은 긴 슬픈 노래를 불렀다

나비들은 날개를 접고 고독했으며
나뭇잎은 푸른 미소를 잃어버렸다
구름다리 절뚝거림은
미지의 세계로 이어주지를 못했다

여백을 삼켜버린 적막
회색빛 물안개만 피어오를 때
불빛을 내는 망치소리
못, 벽의 심연으로 돌아간다

— 「못」 전문

벽에 박힌 못을 바라보며, 이미지화하는 시인의 감각은 우리 시대 정곡을 찌르는 빛나는 활어(活語)와 같다. 살아 움직이게 하는 생각에너지이다. 그 에너지를 주유 받은 풀잎들마다 별빛을 가득 머금은 아침 이슬을 만나게 될 것이다.

3. 자신을 비워내는 카타르시스의 샘물을 쏟아내다

앞서 논의한 바와 같이, 정소현 시인은 카타르시스의 샘물을 갖고 있다. 시인 자신을 비워낼 때마다 샘물을 쏟아내고 있는 것이다.

시인은 잔인할 만큼 고독하고 외로운 존재이다. 절대고독과 절대공허로 가득하다. 그러한 시인의 상황은 드러날 수 없는 특수성이 있다. 비워내면 낼수록 세상을 많이 담아낼 수 있는 것이다. 시인은 생각에너지로 소통하는 소우주를 갖고 있다. 소행성들이 행복과 변화로 움직일 때, 미래는 희망을 동반하여 운행하게 된다. 그런 운행을 할 때, 카타르시스의 샘물이 솟아오르는 것이다.

별빛은 시인이 발산하는 발광체이다. 빛나는 것은 아름답다. 자세하게 보면, 그 과정을 숙고하게 하는데 시인의 습작기도 이와 같은 것이다. 세상 담는 법이 시인에게 가장 필수 코스라고 해도 과언이 아닐 것이다. 그토록 큰 세상을 담아낸 시인을 우리는 발견할 수 있다.

별을 보고 있으면

별과 이야기를 나누고 있으면
어느새 나는 왈츠를 추고 있다

머리는 이슬 되고 맑고
가슴은 시냇물 되고 흐르고
마음은 이슬비 되어 내린다

이 모습으로
슬픈 밤에 별과 왈츠를
이 모습으로
시린 밤에 별과 왈츠를

마음 열지 못한 타인들아
그대 어깨 위에 드리워진 어둠
무게가 고통스러울 때
왈츠를, 별과 왈츠를

어둠은,
왈츠 안에서 밖으로
흘러나간다

—「별과 왈츠를」 전문

별과 소통하는 순간, 생각에너지는 급속 충전이 된다. 특히, '왈츠' 라는 동적인 구현을 가능하게 함으로써 공간을 활용한 소통 행위를 한다는 것이다. 사진작가는 빛을 갖고 노는 예술가이다. 즉, 노출의 예술가이다. 화가는 색을 갖고 노는 예술가이다. 즉, 여백의 예술가이다. 후자의 경우를 시인은 노래하고 있다. 바다를 화가의 입장에서 표출한 「생트마리드라메르 바다의 풍경」에서 이를 확인할 수 있다.

생트마리드라메르 바다의 물빛에
한 천재 화가가 깊숙이 젖어갈 때
물빛의 다양한 영혼을 살려내기 위한
붓놀림은 돛을 달았다

흰색, 선명한 파란색으로
흰 구름 푸른 바다를 그려 놓으면
녹색 파도 노란 파도가 그 바다에 표류했다

지중해 실경은
금방 잡아 올린 등 푸른 고등어 빛이었고
고기잡이를 마치고 돌아온 작은 어선은
바다와 어우러져 평화가 된다

아직도 붓을 놓지 못하는
화가의 그 바다
사람들이

각자의 영혼에 물을 들인다

—「생트마리드라메르 바다의 풍경」 전문

'생트마리드라메르 바다'라는 이국적인 풍경을 묘사함으로써 낯설게 한 기법이 독특하다. 화가의 삶과 바다를 일치시킴으로써 독자들의 시선도 고정시키게 하는 효과마저 낳고 있다. 영혼을 물들이는 그곳에 가면, 장엄한 광경에 젖어들게 된다. 자신도 모르는 사이에 평화의 파도에 몸을 싣게 된다. 시인의 시선은 바다에만 정착하지 않는다. 겨울 강을 따라 홀씨를 흩뿌리고, 봄 들녘마다 화들짝 피어올린 야생초를 만날 수 있다.

겨울 강을 지나고
매운바람을 지나
자연과 포옹을 하는 야생초

대지가 내어준 모퉁이에
작은 집을 지었지만
인기척은 사라지고
바람만이 불 뿐이다

하늘이 동행한
맑은 영혼,

달빛으로 싹을 틔우고
새벽별로 잎을 키우며
구름으로 꽃을 피우고
햇살로 꽃씨를 만든다

홀씨,
세상의 어둠을 덮는다
잠자는 세상을 깨운다

—「야생초 일기」 전문

홀씨는 세상을 구원하는 메시아적인 존재이다. 이를 겨울 강 둔덕마다 두고 잠자는 세상을 깨우고자 하는 시인의 감성은 세상에 대한 책임감마저 느끼게 한다. 그 범위는 지상으로부터 시작하여, 우주의 별빛까지 확대된다. 시인은 세상의 별빛을 카타르시스의 샘물을 쏟아내듯 지상의 풀잎들에게 공급해주고 있다.

속은 불편해 두 끼를 거르고,
옷장에 옷은 반으로 줄이고,
신발장에 신은 반으로 비운다
편안함, 자유, 여유를 위해

작년에 잘라주었던

무궁화, 라일락, 앵두나무, 목련,
그 가지를
올해에도 또 잘라준다
무성함, 아름다움을 위해

—「비움의 미」 전문

시인의 소화력은 대단한 것이다. 비워내는 대상이 무차별적이다. 생각이 파괴되는 이미지의 충격으로 인해, 불협화음으로 점철될 수 있는 대상을 유연하게 소화시키는 일을 실행하고 있는 것이다.

봄날은 소화를 배가시킬 수 있는 시기이다. 그런 시기에 엽서 한 장을 발견했다.

바람이 들녘을 흩어놓고
폭우가 언덕을 넘어뜨리니
나무가 흙탕물에 떠밀려간다
내를 지나 강을 따라서

뿌리는 방향을 잃고
줄기는 휘어지고
잎새는 찢기어진 채
소리 없는 울음이 흘러간다

강물을 지키던 바위
그들을 보듬어 안는다
그 따스함 안에서
밤을 지새우던 꿈

나비,
멀리멀리 난다

—「봄 엽서」 전문

봄날은 새로운 삶을 기약한다. 그 기약 속에는 푸르른 생명의 신비를 품은 존재들을 공유할 수 있다. 새로운 삶은 흥분을 부여해 준다. 계절의 전령처럼 엽서 한 장을 보낸 나비에 눈을 뗄 수가 없다. 그럼에도 소통이 제한되는 날이 있다. 바이러스에 감염된 날이다.

길이 보이지 않는다
머리는 작동이 멈추고
눈은 보지 못하고
귀는 듣지 못하고
입은 말할 수도 없다

온통 텅 빈 하늘인데
온통 길뿐인데

출구가 없는 날
그날은 바이러스가 환경을 파괴시킨
잔인한 전투의 날이다

애써 더듬더듬 손으로 출구를 찾지만
어둠 속에 잡히는 것은
'기다림' 이란 나무로 된 팻말 하나
난 그 팻말을 들고
벌 받는 아이처럼 서 있다, 지금.

—「바이러스」 전문

기다림 바이러스에 감염된 사람은 틀림없이 그리움 바이러스에 감염된 사람이다. 그 강도도 보통 사람들의 감염 정도보다 중증일 것이다. 심지어는 뇌에게 스스로 최악의 행동을 지시하는 경우도 있다.

기다림은 만남을 품고 있다. 만남은 언제나 설렘과 실망을 동시에 갖고 있다. 지독하게 사람이 그립고 기다리게 하는 현실을, 시인은 정제시킨 언어를 통해 단절된 세계에 대한 경고를 보내주고 있는 것이다.

여기, 카타르시스의 샘물을 파 놓은 시인을 세상에 내놓는다. 그 샘물로 독자들을 초대한다.

문학세계대표작가선 527

그대를 위한 협주곡

정소현 제3시집

인쇄 1판 1쇄 2008년 3월 10일
발행 1판 1쇄 2008년 3월 15일

지 은 이 : 정소현
펴 낸 이 : 金天雨
펴 낸 곳 : 문학세계 출판부/도서출판 天雨
등   록 : 1992. 2. 15. 제1-1307호
주   소 : 서울시 성동구 하왕십리동 966-23 금룡B/D 2F
전   화 : 02)2298-7661
팩   스 : 02)2298-7665
http://www.moonhaknet.com
E-mail : moonhak@moonhaknet.com

값 6,000원

ISBN 978-89-7954-373-5